책임

책임

1판 1쇄 인쇄_2026년 1월 2일
1판 1쇄 발행_2026년 1월 5일

지은이_박주초
펴낸이_홍정표
펴낸곳_작가와비평
등록_제2018-000059호
공급처_(주)글로벌콘텐츠출판그룹
대표_홍정표 이사_김미미
편집_백찬미 남혜인 홍명지 권군오 기획·마케팅_홍민지
주소_서울특별시 강동구 풍성로 87-6
전화_02-488-3280 팩스_02-488-3281
홈페이지_http://www.gcbook.co.kr

값 13,000원
ISBN 979-11-5592-382-5 03810

작가와비평
시　　선

책임

박주초 시집

작가와비평

감사의 글

2020년 첫 시집 『형성1980』이 세상에 나온 지 2년 후 두 번째 시집 『역병』이 나왔습니다. 두 번째 시집 이후 많은 것이 달라졌습니다. '역병'은 무지했던 인류의 옛일이 되었고 지구별은 남은 흔적에 순응하는 사람과 벗어나려는 사람들로 나뉘게 되었습니다. 그리고 또 다른 수많은 이유들이 세상을 반으로 갈라놓았습니다.

그 사이 중졸, 검정고시 출신 길동 꼬마는 박사학위를 받고 대학 강의를 하고 있습니다. 한편으로 주식회사 문화콘텐츠라는 새로운 회사도 설립하였습니다. 어떻게 그리 사느냐는 질문에는 답하기 어렵습니다. 정해놓은 삶을 산 것이 아니라, 돌아보니 그렇게 되었기 때문입니다. 다만 어머니의 자랑이 될 수 있어 감사할 따름입니다.

게으른 시인이 되지 않겠다며, 2년마다 한 권씩 내기를 다짐했지만 3년을 꼬박 채우고서야 3번째 시집이 세상에 나왔습니다. 시를 짓지 못한 분주한 일상, 세상에 내보이기 점점 조심스러워지는 마음. 그런 것들이 뒤섞여 1년의 시간이 더해졌습니다.

세 번째 시집의 제목을 '책임'이라 지었습니다. 시는 쓰여진 순간 내 것이 아닙니다. 그래서 떠오르는 영감을 허투루 흘려보내지 않는 것이 시인이라 시인한 내가 짊어질 '책임'이라 생각했습니다.

1장 '출근길'은 매일 아침 회사, 학교로 향하던 시간에 떠오른 것들을 담았습니다. 2장 '다시 여행'에는 두 번의 몽골과 몇몇 여행지에서 떠오른 깨달음이 담겨있습니다. 3장 '시절, 인간'은 지구의 계절과 사람의 시절 그리고 인간에 대한 생각을 담았습니다. 4장 '다짐'은 스스로에게 이야기한 구절들이며, 5장 '단상'은 늘 그렇듯 더 말할 필요가 없는 것들을 담았습니다. 그리고 6장 '기다림'은 하나의 질문에서 시작된 3연작 시입니다. 그리고 마지막은 아버지와 추억이 담긴 「터」라는 시를 하나 더하며 마무리하였습니다.

이제 사랑하는 분들에게 감사하며, 이 글을 마무리합니다. 아내 박지은, 먼저 하늘로 가신 아버지, 어머니, 형님들, 형수님과 조카들(하임, 하울, 라온), 광주 부모님, 처가댁 식구들과 조카들(지율, 시혁), 끝없이 새로움을 요구하는 대표를 믿고 따라와 주는 주식회사 문화콘텐츠 식구들, 기꺼이 어깨를 내어주신 안남일 교수님과 지금까지 이끌어주신 모든 스승님들께 감사드립니다.

그리고 늘 새로운 깨달음을 주는 친구들과 선후배님들, 고려대학교 대학원 문화콘텐츠학과 원우들, 한국축제포럼, 최진석 교수님과 혜명원 5기, 경연의 형 누님 아우들, H12, 구인회, 추반, 신짱과 엽전들 그리고 오랜 벗 거마길 친구들까지 모두에게 감사드립니다.

마지막으로 나를 나로 존재하게 하시는 하나님께 감사드립니다. 그리고 기도합니다. 지금 걷는 이 길이 어디로 향할지 모르나, 마지막 날 웃으며, "잘 놀다 갑니다" 인사하고 떠날 수 있기를….

차례

3장 시절, 인간

4장 다짐

5장 단상

6장 기다림

책임 責任

낡은 서울역
새벽 지하철 내릴 때
비둘기가 하늘을 날아오르고
나는 희망을 듣고 있었다

반백년도 못 산 나는
지난 삶이 떠올라
그만 울컥하고
울음을 쏟아냈다

가을빛에 챙겨둔
선글라스로 나를 감추고
아무렇지 않은 듯
담배 한 대를 피웠다

짧은 생만큼
금방 멎어버린 눈물
슬픔도 서러움도 아닌
그것을 무어라 부를까

곰곰이 생각할 때
가슴이 뜨거운 말을 뱉는다

삶, 책임
살아있는 그래서 살아가는
모든 존재가 가져야 할 책임
그리고 나의 희망은
끝까지 책임지는 삶

나는 생각을 그치고
더 낡은 기차로 갈아타
조금 높아진 해를 가로질러
남(南)으로 간다

나의 책임을 다하기 위해

* 2025년 9월 11일 아침 7시 30분

1장 출근길

지하철은 통화중

타인의 삶이 내 귀를 침투한다

소곤거리지만 다 들리는
여자친구를 향한 애교 섞인 투정
천일야화처럼 끝나지 않는
직장 상사의 수백 가지 잘못들

자식에게 걸려온 전화는
어느 하나 마음 드는 구석 없고
잘 들리지 않아 커진 목소리로
화를 섞어 주소 부르는 어르신

그리고…
참 많은 지구별 아픈 사람들 소식

좋은일 나쁜일 그저 그런일
지난 이야기 오늘 이야기 먼 이야기

타인의 삶이 내 귀를 침투한다

코로나보다 감염이 쉬운 감정이기에
에어팟 꺼내 귀를 막고 차라리 혼자가 된다

아뿔싸!

이곳은 6-3, 스피커 아래
음악을 뚫고 침투하는 안내 방송

“열차 내에서는 대화나 통화를 자제해 주시기 바랍니다”
결국 당신의 그 바람은 이루어지지 않았다

가정식 김밥

5월의 첫날, 조금 늦은 출근길
홍대입구역 2번 출구 앞에서
'가정식 김밥'을 파는 아주머니를 보았다

해보다 먼저 일어나
하늘 같이 검은 김을 깔고
하얀 밥을 지어 초를 치고
노란 단무지, 푸른 시금치, 붉은 소시지
새벽 내내 돌돌 말으셨을 거다
30여 년 전 내 어머니도 그러했으니

시간이 꽤나 되었는데도
노란 테이프 둘둘 말린 스티로폼 박스에는
돌돌말린 김밥이 꽤나 많이 남은 듯하다

오늘이 5월 1일만 아니라면
채비가 늦은 나를 마주치지 않았을 텐데

박스 안 온기가 가시기 전에
새벽을 지샌 그 마음 모두 나누고
웃으며 집으로 돌아갈 수 있기를
작은 바람 건네고 지하철을 탄다

장초

칼칼한 안개를 뚫고
이른 아침 도착한 서울역

오름직한 계단과
한낮이면 신들의 외침으로 가득한 광장 앞
검고 노란 색으로 설치된 새로운 흡연구역

시름을 태우고
시간을 태우고
삶을 태우는 사람들
그리고 시선을 피하며
들어오는 한 사람

그는
계절보다 두터운 옷으로
몸과 마음을 감싸고
재떨이를 뒤적인다

잠시 멈칫
그의 표정은 여전하나
몸짓은 상실을 뱉는다

디바이스의 은총을 받지 못한 그와
재떨이 가득한 전자담배 꽁초들
이따금 보이는 연초들은
필터 가까이에서 호흡을 멈췄다

빠듯한 삶
아낌없이 피우고 싶었나 보다

한참을 살피던 그는
처음처럼 말없이 고개를 돌려
흡연구역을 떠난다
단 하나의 장초도
발견하지 못한 채

나는 내 할 일을 마치고
오름직한 계단을 지나
유부초밥 두 알을 사서
늙은 열차에 오른다

창밖으로는
칼칼한 안개가 여전하다
괜히 헛기침 한 번 하고
이 시를 쓰다 눈을 감는다

휴대폰

휴대폰의 등장은
전화를 받지 않을
자유를 침해한다

"왜 전화 안 받아?"

가만히 생각하면
답할 의무는 없다

흉터

얼굴을 씻고 거울을 보니
상처가 지난 곳에 흉터가 남았다

어찌 작지 않은 얼굴에
그 작은 자국이 먼저 보일까?

하나둘 살펴보니
내가 살아온 흔적들이 떠오른다

미숙하고 부주의하고
때로는 전이시킨 아픔들까지
흉터는 망각 위에 새겨진다

그리고
기억력이 나쁜 나에게 내려진
잊지 말라는 신의 축복이다

나

오해받기 쉬운 사람
오해받기 싫은 사람
인과와 모순의 덩어리

2장 다시 여행

차마고도에서

1.

충분히 수줍을 법도 한데
그것은 우리를 허락 한다

작은 구름 조각으로
미소만 가리고
오랜 기다림에 지친
우리를 보며
잘 왔노라고
씻고
털고
그리 가라며

세어볼 엄두도 나지 않을
우리 모두의 번뇌를 품고
하늘만큼 높은 곳에서
반가움에 소리친
우리의 메아리를 듣고

서툰 걸음
어쩌면 마지막 걸음까지도
기꺼이 내딛게 허락한다

많은 이의 시선이 머무는 그곳
옛 범이 힘찬 물결 휘감아 나가는
그곳을 건너갔듯
이제
우리의 깨달음은
행함으로 건너가자

2.

모든 여정 마치고 돌아가는 길

떠나는 걸음이 어찌 가벼울까
떠나는 마음이 어찌 가벼울까

허나 그 길에 우리가 함께 있음을 기억하면
수만의 낮과밤이 어찌 가벼울까
우리의 깨달음이 어찌 가벼울까

속을 나누고
춤을 나누고
노래하던 그 밤
우리의 행복이

고이 키워낸 찻잎
험한 길 지나 팔고
돌아오는 길
흥얼거린 행복과
다르지 않기에

다시 돌아가는 우리의 길도
기쁨으로 몸부림친다
부디
허나 족히
그러하다

* 2023년 경연, 차마고도 여정을 마치며

여운

새벽 4시
여독이 잠을 깨운다

숨을 한번 크게 쉬고 허리를 핀다
다시 잠이 오지 않을 것 같아
미지근한 물에 세수를 한다

적당한 피곤함이 흐른다
하지만 생각은 또렷하다

말로 뱉으면 한계가 될까
차마 표현할 수 없는
고도에서의 시간들

추억으로 두는가
다음으로 두는가
선택할 수 있음은
인간의 행복이다

익숙하지 않은 새벽을 깨우며
두어 점 출장 짐을 챙겨 나선다

낮이든 밤이든 현관등은
변함없이 인사를 건네며
채비의 마지막을 밝힌다

새벽 5시
가로등 불빛은
새벽을 더 짙게 만들고
나는 더 나눌 것이 있는
여정의 벗들에게로 간다

돌아오는 길이
떠나는 길이 되는
여행자의 삶

여운이
머문 시간보다 오래 남는 건
아직 깨달을 여지가
내게 남아있기 때문이다

여행 중

알고 보면 공부가 되고
모르고 보면 시가 된다

참 좋은 여행

목적없이
이유없이
바람없이

낯선곳에
덩그러니
버려지기

몽골 아르항가이의 밤

적당한 근육통에
구름 하나만 주머니에 담고
서툰 고삐를 내려놓았다

얼마 후면 저도 쉴 게르에 돌아와
길어 올린 따뜻한 물에 몸을 담그고
풀어진 몸으로 저녁때를 기다린다

우리의 조급함을 다독이듯
아르항가이의 시간은 느리게 간다

귀한 손님보다
더 귀한 주인의 정성으로
든든하고 따뜻해진 우리는

낯선 곳에서
낯익은 모닥불을 피우며
낯선 이들과
낯익은 춤사위를 즐기며
서로에게 익숙해진다

달리고 싶은 말에 물린 재갈,
당겨진 고삐처럼
우리는 스스로 옭아맨
체면, 의무 따위를 잠시 벗어두었다

제 할 일을 마친 장작이
더 붉게 재가 되어갈 때
우리는 다시 하늘을 보았다

우리의 마음만큼
조금 자란 손톱달의 밝음과
헤아려도 헤아리지 않아도
개의치 않는 별들의 반짝임 보고
담아 둔 구름 꺼내어
꼭 끌어안고 잠이 들었다

그렇게
아르항가이의 밤은 느리게 깊어간다

* 2024년 8월 첫 몽골 아르항가이에서

색출

뿌웅

이치

찬이슬을 맞고
어제보다 조금 더 자란 풀들이
짐승의 먹이가 되어주듯이

그 짐승을 먹으며
어제보다 조금 더 자란 내가
세상의 양분이 되어주기를

두 번째 아르항가이

달이 반쯤 찼을 때 이곳에 왔다

하루 또 하루를 머물며
무언가 큰 깨달음을 얻겠다 생각한
스스로에게 부끄러움을 느낀다

사사로운 것들에 개의치 않으며
그저 하루를 사는 삶, 다르지만
그 다른 삶을 사는 사람들 곁에서

신이 허락한 적당함으로
살아가는 모든 생명체들에 대한 경이

허투로 내뱉는 시인의 기교 섞인 말보다
그저 바라보고 또 견뎌내는 삶의 순간들이
더 짙은 시가 된다

입으로 뱉으며
시로 적는 것으로는
표현될 수 없는
그래서 그저 여기에 내가 있음을
기록할 수밖에 없는

좋은 사람들이라는 흔한 말보다
작은 고개의 끄덕임으로 충분한
그런 동행에 대한 고마움

깊은 일교차에
얼은 발가락을 달래가며
물 섞인 위스키 한잔 마셔도 좋은
그런 대화들

달이 가득 차고
떠날 때가 오면
부디 아쉬움보다
큰 기약을 남길 수 있기를

어른이 되어야 한다는 강박은
바람에 적당히 실어 보내고

찬이슬에 자라
짐승의 먹이가 되는 잡초들처럼
나도 지구별에 작은 양분이 되기를

* 2025년 8월 두 번째 몽골 아르항가이에서

수도원 가는 길

흙먼지 날리며 말을 달린 우리
현재를 사는 이들에게 들리는
바람이 부는 언덕 숲피리 소리

옛 믿음의 흔적을 따라
낮은 절벽 조심스레 오르면
허락된 이들에게 보이는
들과 숲과 길과 작은 물줄기

돌틈을 지나 만난
이름 모를 들꽃 가만히 보다
가슴 깊은 울컥함에
고개 돌리면 하늘과 구름

푸름과 하얌이 짙게 만나면
우리에게로 내리는 비

그리고 씻겨 내려가는 흙먼지
숲의 틈에서 들었던
바람의 노랫소리 흥얼거릴 때
반갑게 맞아주는 두 줄 무지개

그리고
닿지 않는 곳을 향해
힘껏 뛰며 웃는
다시 태어난 우리들

*아르항가이와 우르항가이 경계에 있는 Tovhon Hiid 수도원에서

3장 시절, 인간

춥고 푸른 5월 15일

해가 보이지 않는 한낮의 거리는
바람을 핑계 삼아 더 서늘하게 닿는다

흐드러지게 피고 내린 꽃비를 잊은 듯
벚이 아직 꽃으로 피어나지도 않은 듯
더 내릴 것도 없는 석촌호수 푸른 잎들은
쉼 없이 바람에 흔들린다

하늘은 잔뜩 찌푸리고 있건만
짧고 길고 얇고 두꺼운 옷을 입고
낯익은 서투름을 웃으며 걷는 사람들

춥고 푸른 5월 15일
계절이 뒤섞인 봄을 걷는 사람들

환절야(夜)

간밤에 겨울이
가을을 바닥에 내동댕이쳤다

너무 늦는다는 투덜댐에
성이 난 것일까?

계절은 하룻밤 사이 변했는데
내 몸은 아직 어제에 있다

급하게 몸을 닦고
재채기 한 번
묵은 겨울옷들에
재채기 또 한 번
또르르 익숙한 눈물 한 방울

뻑뻑한 히터 바람
괜한 땀을 흘릴까
겉은 겨울을 입고
속은 또 가을을 입고
어제의 내가 오늘을 나선다

차창 밖에는
붉고 노란 잎새 몇 장
미련둥이들과 나누는
마지막 인사

계절이 지나는 밤을 보내고
이제야 나는 오늘에 왔다
그리 보내놓고 그리워하며
어제, 가을을 이르게 추억한다

어제 내린 비

어제는 비가 내렸다
그리고 오늘은 맑다

잃어버림이 당연한
짐이 된 우산을 들고
서울로 돌아가는 길

비가 와서 좋았고
비를 맞지 않아 좋았던
어제의 마음이
이리 쉽게 변하는 오늘

우산장수도 먹고 살아야지
상생의 체념으로
참 많이 떠나보냈는데
조금 덜 마른 걸음마다
오늘은 네가 곁에 있다

어제의 고마움을
오늘 잊는 것이
요즘 인간이라면

오늘만큼은
과거의 인간으로 살련다
우리 함께 집으로 가자

雨中秋來

니가 오니까
비도 예쁘다

염화나트륨

낭만이 녹는다
다시 걷기 위해

사춘기

성숙으로 가는 길이란다
그럼 나는 노상, 그 길 위에 있다

다 알지 못함은
일말의 억지도 없이
나를 나로 만든다

완성은 끝이다
미완이 주는 호기심
여전함이 위로다

철이 들면 꿈이 준다
그래, 그대로 살자

비오는 겨울도 반갑고
봄날의 눈꽃에 뛰놀고
설레임 한스푼도 달다

바람에 맘껏 흔들리며
어제와 다름을 즐기고
어제와 같음도 기뻐하는
사춘기를 살자

카드 안돼요

나의 낭만
너의 추억
이 모든 것을
현실로 만드는
그대 목소리

인간1

생존이 아닌 일에
굳이 힘을 쓰는 건
오직 인간 뿐이다

인간2

자연을 보면서
그림이라 한다

현실을 보고도
비현실이란다

인간의 거짓말
그 뛰어난 능력

인간3

스스로 만들고
부정하는 존재

인간4

부족함을 알아야
모자람을 알아야
비로소 채워진다

인간5

특이점을
보편적인 것으로
착각하며 산다

4장 다짐

사람을 개에 비유하지 마라

사람을 개에 비유하지 마라

사람을 개에 비유하면
우리는 모두

개만도 못한 놈
개 같은 놈
개보다 더한 놈

중에
하나이기 때문이다

동조

다들 그리하지 않는다고
나도 그리하지 않을 이유는 없다

다들 그리한다고
나도 그리할 필요는 없다

'다들'은 실제가 아니며
객관은 '그리함' 밖에 있다

고로
'이유'와 '필요'가 없다

소유보다 앎

가진 것에 대해 모르는 것 보다
알고 난 후에 가지는 것이 낫다

갖지 못한 것에 대해 아는 것은
가질 수 있는 가능성을 높인다
또한 갖지 말아야 할 것도 안다

허나 가진 것에 대해 모르면
진정으로 가진 것이 아니며
가진 것을 지킬 수도 없다

그러니 먼저 알고
소유는 그 다음이다

일이가 있는 말

일탈이 없으면 일상도 없다
이탈이 없으면 이상도 없다

과거에 대하여

과거는 비뉴턴 유체다

끊임없이 과거를 딛고
현재를 걷지 않으면
과거에 매몰된 삶에서
결코 벗어날 수 없다

변화

변화가 시작되었다
모두들 변화에 올라타라 한다
하지만 나는 서퍼가 되고 싶지 않다

변화가 가장 적은 곳은 시작점이다
그곳이 내가 서야 할 곳이다

쉼

여백을 공백으로 살지 말라

한 걸음

이른 아침
졸린 눈을 비비고
또 이 자리에 앉았다

아는 이야기와
모르는 이야기가 뒤섞이고
기대와 걱정도 함께 뒤섞인다

불확실한 미래라는 뻔한 공감
미래는 한 번도 확실했던 적 없었다

그저
현재를 하루를
시간을 분과 초를
지금의 충실함을 살며

모르는
그래서 두려운 미래를
더듬거리며 한 걸음 내딛을 뿐

지금의 대부분이
세상에 없던 시절

상실과 허무
불안과 두려움으로
마시고 또 마시며
버티고 견뎠던
그때의 예술가들은

취하든 깨었든
펜, 붓, 건반으로
말하고, 그리고, 노래하며
현재를 살았다

그들이 더듬거리며 새겼던 미래는
시가 되고 꽃이 되고 노래가 되었다

그리고 그 결과를
지금 우리가 누리며 산다

언젠가는 우리가
더듬거리며 내딛은 걸음
더듬거리며 새긴 미래를
그 결과를 누리며
살아가는 이들이 있을 테다

그들에게 우리는
동경의 과거가 될지
현재를 살아야 할 증거가 될지

이것이

아침 일곱 시

깊은 숙취에도

벌써 세 잔째 커피를 마시며

버티고 견뎌내는

이유일 것이다

四 상의 단계

식견이 깊을수록
편견이 깊어진다

식견이 얕을수록
편견이 깊어진다

식견이 얕을수록
편견이 얕아진다

식견이 깊을수록
편견이 얕아진다

독서의 이유

책을 읽으며 얻고자 하는 것은
검색되는 지식이 아니라 직관이다

5장 단상

굳이

상대가 설명을 바라기 전에
함부로 설명하려 하지 마라

유지

하던 대로만 하면

하던 것보다 못한 삶을 산다

명품

설명이 길어질수록
그 가치는 떨어진다

불신의 법칙

믿을 수 없는 일은
믿을 수 없을 만큼 일어난다

황금비

말은 1 행동은 2

질과 양

질은
양의 압축으로 이루어진다

최고의 재능

최고의 재능은
끝까지 하는 노력

탕후루

진짜를 가짜로 뒤집어 싼 맛

껍질

깨고 나오면
자유로울 줄 알았지

고통

고통을 겪지 못한 사람은
그 고통을 종식시킬
동기를 갖지 못한다

추상

원래
없는 것을
있게
믿게
만드는 것

겸손한 대화의 완성

네.

네!

네?

네~

터부

나는 그저 숨을 쉬고 싶었을 뿐이다

신화

실현할 수 있는 가능성

에너지와 질량의 등가 원리

노동 전에 먹으면 힘이 되고
노동 후에 먹으면 살이 된다

6장 기다림

기다림

왜 모든 상담원은 항상 통화중일까?

기다림 2

왜 모든 상담원은 항상 통화중일까?

그것은 지금 여기 지구별에
상담이 필요한 사람이 많기 때문이다

기다림 3

왜 모든 상담원은 항상 통화중일까?

그것은 지금 여기 지구별에
상담이 필요한 사람이 많기 때문이다

그러니 기다림도 좋다
내 기다림만큼 치유가 늘어갈 것이니

痕

터

1.

거울을 보니 왼쪽 귀 끝 날카롭게 잘린 흉터가 있다
귓볼의 반대편, 하늘 가장 가까운 곳이다

'쉬이 새겨지지 않을 흉터가 왜 내게 있을까?'

흉터를 가만히 보다 20년 전 아버지의 가위질이 떠올랐다

2.

중도 못하는
거울을 보며 제 머리를 깎는
믿음 없는 크리스천 내 아버지

길동역 2번, 3번 출구 사이
빵집과 안경집 사이
첫번째 골목에서 우회전하면
글로벌 시대에 맞춰 한글로 적힌 '남성 헤어컷'

문을 열고 들어가면
딱딱하고 색 바랜 가죽 소파에는
언제나 서넛이 차례를 기다리고 있었다

3.

검고 희고 넘친 것들을 잘라내는 데 걸리는 시간 십분
그때마다 아버지의 지갑에 더해지는 오천원

팔십명의 석별이 바닥 가득 쌓이면
홍천 제곡교 옆, 아버지의 꿈은 한 평씩 현실이 되었다

꿈이 반쯤 남고
현실이 반쯤 찼을 때

실력을 믿고 오천원도 아끼려
막내아들은 가운에 구속된 채
아버지와 함께 십분을 보냈다

사각 사각
서걱 서걱
섬뜩
아!

아버지의 눈짓을 보고
나는 휴지 두 칸 떼어
잘리지 말았어야 할 귀를 가리고
덜 잘린 머리를 감싸고 밖으로 나왔다

그리고 20년이 지났다

4.

다시 거울을 본다
흉터는 흉이 아니다
아픔, 상실, 아쉬움 같은 것들이
추억으로 새겨진 터이다

제곡교 옆 엉성하게 지어진 집도
내 귀 끝에 새겨진 자국도
그렇게 아버지가 내게 남긴 터이다